바람이 등을 밀어

유상용 통합시조선집
바람이 등을 밀어

필리리스토리

遇石 유상용 시조시인

시조시인의 말

미(美)를 추구하는 일만큼 아름다운 행위는 없다고 하겠다. 필자는 미를 추구하는 예술 작업 중에 시조에 진력해 왔다. 쓰지 않고는 배기지 못할 것이 시조창작이다.

대학에서는 서정주 박목월 선생님께 시를 배웠고, 소설은 김동리 선생님께 배웠다. 졸업 후 생업에 종사하다 40대에 비로소 시조로 문단에 나왔다. 그리고 80대에 이르렀다.

시조 창작은 민족의 율격에 서정의 울림을 베게 하는 간단치 않은 성찰적(省察的) 수련이다. 글말이 빛나 운율의 숨결이 파동치고, 시어와 시어끼리 구(句)와 구끼리 긴장이 절절하여 무릎을 탁, 칠만한 한 편을 쓰려고 오늘도 펜을 놓지 않는다.

우리 시조가 세계적인 시가 되기를 염원하며, 내 평생 피를 말린 작품을 가려 이 선집을 출판한다.

2025년 2월 부여 문화마을에서
遇石 유상용

목차

1부. 풀은 다시 기지개 켜고

시인은 · 12
억새꽃 · 13
소나무 · 14
대(竹) · 16
국화 · 18
상록수 · 20
느티나무 · 22
느티나무 2 · 24
낙엽 · 25
풀꽃 · 26
코스모스 · 28
잡초 · 29
장미 · 30
은행나무 · 31
목련 · 32
질경이 · 33
연꽃 · 34
풀은 다시 · 35
겨울나무 · 36
개나리꽃 · 37
감 익는 마을 · 38

갈대 · 40

흔적 · 41

배추를 본다 · 42

꺾인 꽃 · 44

고목 · 47

2부. 새벽종, 이슬 밟고 달려와

소 · 48

소 · 2 · 50

까마귀 · 52

독수리 · 53

참새 부부 · 54

까치 발자국 · 55

산 · 56

빈 농가 · 57

산그늘 · 58

농가는 · 60

무인도(無人島) · 61

백마강 · 62

나룻배 · 63

강물을 본다 · 64

성벽 · 66

둑방길 · 68

새벽종 · 70

그리고 봄 · 71

장마 · 72

단풍 바람 · 73

11월은 · 74

초겨울 · 75

첫눈 · 76

바람이 등을 밀어 · 77

땀방울 · 78

야망 · 79

기다림 · 80

용서 · 81

3부. 눈알만큼 큰 키로 서서

물 · 84

해 · 85

새벽달 · 86

이슬 · 87

함박눈 · 88

연기 · 89

폭포 2 · 90

물거품 · 91
바위 · 92
모래 · 93
촛불 · 94
풍경 소리 · 95
휴전선 철마 · 96
삶은 · 98
한 그릇 · 99
빈 술병 · 100
괭이질 · 102
팽이 · 104
면벽 · 105
시계 · 106

4부. 팽이처럼 돌다가 어느 날

하늘에 살고 싶소 · 108
부모 · 109
어머니는 · 110
아버지 · 111
왔다가 갑니다 · 112
눈물 1 · 114
눈물 2 · 115

부부 · 116
아기 웃음 · 117
내 아내 · 118
이름의 길 · 120
사람과 사람 · 121
애모 · 122
사람 그림 2 · 123
손 · 124
눈(眼) · 126
주름들 · 128
물소리 · 129
독거노인(獨居老人) · 130
일 · 132
산행 · 133
덕이란 · 134
노년기 · 135
허수아비 · 136
저승의 아버지 · 137

1부

풀은 다시 기지개 켜고

시인은

누구도 못 빼앗을
학, 지식 체험 엮어

시인이 남길 행적
이름으로 살아나면

가는 곳
땅 밑이 아니라
시가 되어 불멸하리

억새꽃

기러기 떼 하늘 그림
초겨울을 말하는데

찬바람에 웃음 보인
하얀 얼굴 보겠네

저 바람
꽃잎에 앉아
그려내는 계절 무늬

소나무

어깨는 굽어 돌고
한쪽 팔은 뒤틀려도
청청한 유업 쌓아
낮은 허고 받쳤는데
바람이
침엽을 딛고
왔다 가는 저 소리야

누대로 사는 길에
소나문들 편하랴만
누군가 찾아줄까
비늘 몸 붉혀도
짙푸름
끝 간디쯤에
배어나는 적막감

이를 길 끝 모를
바람이 말을 걸어

볼을 맞댄 가지들이
맞아주는 눈웃음
구름도
푸른 심성을
우러르다 돌아가네

대(竹)

높은 허공 우러러
물길을 당겨 올려

바람을 갈라 내는
휘청이는 고절(孤節)에

한겨울
가운데쯤에
하늘보다 푸르름

남다른 핏줄에서
이어받은 푸른 뼈대

속마음 희게 비움
지켜내는 장장 시련

몸 세워
하늘 끝쯤에
세상을 바로 세운다

국화

스러지는 풀잎 밟고
푸른 숲 떠난 자리

지는 잎 깔아놓고
화들짝 피어난 꽃

이 계절
찾아온 길손
반겨주는 저 웃음

두 생각 못하여
산들바람 흐름에서

잎들이 지는 곳에
꽃으로 돌아와

담쑥히
눈길을 뺏어
채워주는 주린 미(美)

상록수

담장 밑 한 그루가
짙푸름 굽힘 없어
계절은 그냥 가고
세월은 보고 섰네
늘 푸른
조상 유업에
시간들도 멈추네

푸른 잎들 스친 바람
그리 많은 변명 속에
빈말로 나서지 않고
뿌리 내력 지켜내어
언제고
청청한 잎으로
허공 채운 그를 본다

옷 벗은 가지들에
날 선 바람 나달대도

손끝에 열기 세워
하찮은 듯 참아내는
이 겨울
창백한 숨소리
횟수 줄여 몸 낮춘다

느티나무

세월연년 한 자리에
동덩산처럼 곧추서서
천로(天路)의 영원성에
우주 이치 깨친 듯
한 나무
두루 춘풍 말은
일을 해야 산단다

도싯 밭 곡식들에
생피 토해 키운 농부
일에 일 손길 멈추고
그늘 밑에 쉬노라면
이 세상
살려고 왔으니
일하라며 밀어낸다

큰 나무 옹이들은
일해온 흔적으로

어느 한 조상이 듯
고통 속에 사는 년 년
언제고
근엄(謹嚴)한 눈빛
사는 길은 일이란다

느티나무 2

한 발짝 못 움직여
내 필요함 내 안에 찾아

허공 층층 쌓는 녹빛
치욕(恥辱) 없이 못 피운 잎

누대로
옹이 진 일에
의연(毅然)함의 이 전율

옥토 자리 아니어도
의미 품은 일손으로

살팍진 가지들 펴
하늘 채운 삶의 무늬

일에 일
손길 멈추고
그늘 밑을 찾습니다

낙엽

가지와 이별하고
개천 따라 어딜 가나

거짓 없는 물결에서
다시 살아보려는가

흐름의
끝 간디쯤에
그곳은 어디인가

풀꽃

볼수록 못났대도
대꾸하지 않는다

하찮다고 천대해도
나답게 일어선다

살면서
흘리는 눈물은
마른 눈물 모른다

코스모스

무슨 말을 하려느냐
인사 없는 나에게

그리도 반기려고
한 줄기 바람 안아

목덜미
밀어 얼리어
미소 먼저 보내느냐

잡초

산촌의 텃밭에
뿌리채로 뽑힌 잡초

땀이 베인 농부의
구릿빛 손등에다

살만한
터를 잡으려고
온 뿌리로 달라붙네

장미

내일이면 떠나갈
그 말을 못다 하여

어느 누가 주린 미(美)를
채울는지 그럴는지

울 너머
잠시 왔다가
벌써 떠난 빈자리

은행나무

한 자리에 곧추서서
키를 높여 반깁니다

심장 모양 정을 보태
곧은 마음 지켜내어

늦가을
오실 줄 알고
노란 눈물 바칩니다

목련

하얀 얼굴 흰 미소
내 임에 보이려니

깜박이는 눈 끝으로
언제 벌써 가고 없네

한 목숨
짧은 일생에
남기고 간 이름 보네

질경이

오가는 발길들에
이런저런 천대 받아

품위 잃은 집안 내력
참아내는 떨림에도

온 바램
발밑에 묻고
밀어 올린 꽃대궁

연꽃

와 주오 모두 와 주오
미소 짓는 내 얼굴로
그대 번뇌 받아 안아
진흙 깊이 묻으리다
그대들
반김이 있다면
지옥엔들 못 가리까

풀은 다시

목을 죄는 쌩한 날에 탓도 없이 스러져서
뿌리 닿는 냉한 흙을 버텨내는 이 떨림
발부리
오그린 채로
입김 불어 참아 낸다

따스한 햇볕 오면 다시 사는 그날 기려
잔혹한 날 튕겨내니 온화한 빛살 천하
햇살이
불러주어도
새싹으론 아직이다

드디어 돌아온 기지개 켜는 날에
눈을 뜨고 번들대는 새싹들의 싱둥함
가을엔
어딘가 떠나련만
사는 숨결 꽉 채운다

겨울나무

저 바람 등을 타고
떠나간 잎들에

볼을 맞댄 빈 가지들
울음 베인 숨소리

한 나무
온종일 생각대로
살갗 시린 바람 분다

개나리꽃

바람 볕이 녹인 땅에
풀어놓은 금빛 천하

반기어 맞으려니
병아리 걸음 보겠네

그 누가
데려가는가
노란 세상 지우는가

감 익는 마을

철 따라 순응해 온
감들의 붉은 얼굴

담 너머 이웃집 홍시
허락 없이 따 먹었네

남의 집
감 하나 딴 죄
걸음마다 붙어산다

죄와 멀리 살아보려
산촌에 와 있는데

죄는 늘 양심 끝에
붙어서 살려 하네

마음에

드러나는 죄

죄는 죄로 못 씻는다

갈대

산다는 것은 울고 웃고 기쁨만이 아니듯
긴 목이 휘둘려도 할 말을 하려고
목덜미
밀어 올리어
허공 끝에 뭐라 한다

귀 열고 들어보면 깨달음의 절규인 것을
목이 쉰 음성으로 살아가는 시련인 것을
바람은
재미있다고
온종일을 웃어댄다

흔적

흘러가는 구름처럼
소유하지 못하고

불고가는 바람처럼
날아가는 인간 사(史)

하는 일
멈칫 하기엔
너무 짧은 인생이다

배추를 본다

풀잎들은 제 갈 길로
이 가을 떠나는데

누구의 부름 있어
북녘 바람 따라와서

냉기 찬
이슬을 받아
푸른 세상 물들이나

낙엽 사이 너를 보면
녹진한 봄날인 듯

팔팔한 여력이
내 몸에 베어나

짙푸른

너의 혈기에

이 마음이 싱둥하다

꺾인 꽃

태초에 오고 가던 다스려진 여름날에
충동적인 잘못 있어 목덜미 꺾인 꽃
가슴팍
아린 상처가
뼛속 깊이 묻어난다

벌, 나비 못다 보아 못 품어 본 아기인데
하늘길을 벗어나 연민(憐憫) 없이 꺾은 목
그 죄가
깨치므로 돌아와
마른 눈물 볼 겁니다

사람이 자연 알아 우주 본체 보듯이
가늘한 마음에도 신이 와 계심에
잘못은
벌을 받는 법
세상 이치 안다오

땅도 없고 하늘 없는 어두운 방 꽃병에
고통 간격 지우려는 몸부림의 여생(餘生)을
나날이
선행으로 살펴 주면
지옥엔들 못 가리까

고목

아픔을 다 끝내고
긴 잠에 들었는가

건들면 다시 깨어
한마디 한 듯한데

어딘가
빈손으로 떠난
마른 눈물 거두오

2부

새벽종, 이슬 밟고 달려와

소

세월, 그 갈피로
지우지 못할 굴레

역한 바람 타고
맴돌아 오는데

그 무슨
기약이 남아
논밭들을 일구나

못 내 풀린 고삐에
달라붙는 생의 멍에

음성을 가누어
비인 하늘 찢어봐도

누군가

목을 조이려고
다가오는 세상 본다

소 · 2

못내 풀린 고삐에 달라붙는 역한 바람
모질게 휘감겨 쉼 없이 맴도는데
그 무슨
연연(緣緣)이 남아
논밭들을 일구나

일이 벅차 휘인 허리 와서 맺힌 피멍들
음성을 가누어 비인 하늘 찢어봐도
허공은
듣고만 있고
시간 혼자 눈물진다

세월의 그 갈피로 못 지울 굴레에서
크고 선한 눈망울에 석양빛이 감돌면
일에 일
소의 멍에를
잠시 벗긴 손길 본다

쟁기질에 파인 흙들 하늘의 빛살 줍고
소의 발길 밑에서 씨앗들이 살려 하는
소의 일
또 하루 끝내면
혀로 반길 손이 온다

까마귀

몸 하나 짐 보따리 떨구며 꾸려가며
눈 덮인 산기슭에 검은 선 긋는 뜻은
발자취
남기고 싶어
왔다가는 걸음인가

눈을 이고 말문 닫은 강기슭 구비 돌아
자취 없이 가고 있는 까마귀의 날갯짓
눈 위에
창백한 살림
펼쳐 보인 세간인가

내린 눈이 흙으로 돌아가기 그 전에
흔적을 남기려는 발길 같은 날개에서
눈 위를
내 눈으로 걷는
여기 나도 한 까마귀

독수리

허공이 네 것처럼
날개 펴고 차지한 너

주인 없는 저 하늘
내가 너로 날고 싶다

하늘에
날품을 팔더라도
날개 있어 날고 싶다

참새 부부

전신주 윗구멍에
둥지를 튼 참새 부부

사는 방법 변형으로
편견을 밀어내도

빗방울
둥지에 쏟아져
숨 막히는 이 떨림

까치 발자국

너절한 땅 덮어 준
빈 가지에 눈꽃 좀 봐

대문 앞 까치 발자국
살아가는 시련인 것을

햇볕이
보고 가더니
흔적 없이 지우네

산

미움도 반김도 없이
능선과 구릉 거느리고

천로(天路)의 영원성에
우주 이치 깨치는 듯

허공에
너비만큼을
가슴팍 펴고 선다

빈 농가

비틀려 매달린
부엌문 사이로

들고 나는 바람만
적막을 깨우는데

대문 앞
지워지는 길
구름들만 왔다 가네

산그늘

먹물로 번지는 듯
스미는 산그늘이

계절의 앙금을
삭히다가 쓸어내다가

모든 죄
그늘에 묻어주고
용서하며 가려나

적막을 더 하는
외딴집의 흙벽에

몸을 틀어 갸우뚱한
문설주 넘는 노을

일생에
넘나든 문턱
산그늘이 지운다

농가는

몸 낮추고 허리 굽혀
참말만 하는 개울물

토담집 넘어오는
문밖에 맑은 바람

조상이
놓고 떠나신
농가의 고운 인심

무인도(無人島)

크고 작은 세상일들
파도가 말을 하면

살점은 내어주고
뼈대로 일어선 섬

태곳적
살아온 얘기들
바위 층층 새긴다

백마강

낙화암 팔을 벌려
삼천 궁녀 넋을 안고

황산벌 구비 돌아
백제로 오는 세월

사비성
영혼들 찾아
길 안내를 하는 강

나룻배

바람만 왔다가는
비탈진 강가에

나룻배 삭아내려
달빛도 못 싣네

갈대가
바닥을 뚫고
손님으로 와서 앉네

강물을 본다

흘러도 그 자리에
쉼 없는 채움에서

보임 없는 바다 찾아
가고 못 올 순간인데

강물은
흐를 줄 알게 됨을
진실하게 말한다

물줄기 굽이마다
사는 아픔 지니고

물살의 파장으로
세상을 말하는 강

손바닥
넘치는 욕구들
물살들에 씻으라네

성벽

조상의 손길이
흔적으로 남은 성벽

적막 배인 돌 틈 사이
자라난 이끼 위로

풀잎들
깨우는 바람
선열들의 발 길인가

가신님 목숨 바쳐
싸워 지킨 돌벽 위로

흰나비 선을 긋고
성벽을 넘는 뜻은

후손에
문안 주시는
한 장 엽서 오심인가

둑방길

산기슭 물소리
거짓 없는 말에도

끝 가는 둑방길에
적막이 차오른다

귀 끝에
스치고 가는 바람
내 임의 목소린가

빈 가지 거기마다
바람에 흔들리어

매달린 마지막 잎
산그늘이 지우는데

오동잎

지는 저 소리에

누군가가 떠나겠네

새벽종

한 줄기 소리 빛이
이슬 밟고 달려와

녹을 씻는 음성으로
어루만져 주더니

내 안에
쌓이는 말씀들
하늘 문에 닿게 하네

그리고 봄

바람 시린 허공으로
눈 비비는 가지들

긴 냉기 밀어내고
새싹으론 아직인데

가을엔
어딘가 떠나련만
사는 숨결 꽉 채운다

장마

소란스런 빗방울
튕겨내는 몸부림들

개천가에 잠긴 꽃잎
턱걸이를 하고 있다

꽃마다
숙인 얼굴에
벌, 나비, 언제 보랴

단풍 바람

북녘 바람 달려와
가지 끝에 앉아서

잎들 눈물 핑 돌게 하여
붉고 노랗게 울리더니

그 눈물
아름답다고
온종일을 웃어대네

11월은

쌩한 바람 잎들을 싸고
검붉게 얼어 붙여

흘리네 눈물들을
저 눈물 시릴 거야

찬 공기
풍기는 11월
바람들은 결백하다

초겨울

누군가 한마디에
풀숲들 스러지고

지는 잎 가는 곳을
손을 들어 물으려니

나무가
대신 말하려고
빈 가지로 다가온다

첫눈

자자로이 속삭이며 찾아오는 첫눈에
손끝에 날개 달아 마음 열어 반기려면
하얀 몸
더럽힐 수 없어
허공에 곧 스미나

올해도 기약하고 그대 올 듯 내리건만
그 사람 손 흔들며 왜 그리 못 오나
첫눈이
그 임이듯이
맞으려다 혼자네

바람이 등을 밀어

먼지를 일으키는 비포장길 차에서
한 생명 일생이 먼지로 일어선다
누군가
잠시 왔다가
그리 벌써 가고 있네

숨기려도 보이는 하나의 생명이
부대끼다 가고 있는 세파의 발길로
이 세상
왔다 가는 흔적
남기려고 일어선다

물살이 만들어 낸 순간의 거품처럼
바람이 등을 밀어 흩어지는 먼지이나
살다가
떠나고 있음을
보여주는 사람아

땀방울

둥그런 땀방울
얼마나 쏟아내야

눈물 젖은 밥그릇
그 맛을 알거나

기어이
내 그릇 안에
땀방울을 채우리

야망

뇌세포에 익힌 글줄
모두고 풀어내어

진리길에 펼치리다
나의 뜻을 이루리다

내 목숨
거두어 가도
더운 피가 돌게 하리다

기다림

오지 않는 기다림
눈물 없는 눈물을

가슴에 묻어두고
울고 나면 뭣하나

눈가에
매달린 수심
어둠에도 밝아라

용서

가슴안에 쌓이는
격한 울분 들고 나와

번지는 너비만큼
소나기로 쏟아내어

구름들
저 너머에 있는
맑은 하늘 봐달라네

3부

눈알만큼 큰 키로 서서

물

내 안으로 흘러온 물
생명수로 사는 것을

흔해서 귀함 없네
없으면 죽음인데

잊고서
살아온 날들은
물에 죄를 짓는 것

해

하늘의 한 곳에만
눈알만큼 큰 키로 서서

생명들 못다 살핀
그대는 살생자다

음지에
생명체들은
그댈 몽땅 안고 싶다

새벽달

말없이 떠나면서
바른길만 가고 있는

하현달 휜 허리에
하얀 마음 채우려니

새벽달
나이만큼이나
지은 죄들 못 싣네

이슬

비워서 채우려는
부푼 가슴 한때로

풀잎의 끝을 잡고
바쁘게 사는 것을

웬 것이
등을 툭 밀치어
떨어지는 내 눈물

함박눈

간밤에 눈이 쌓여
그 사람 정녕 올까

쌓인 눈을 녹일 듯한
문구멍에 눈빛 있어

연이어
바라만 보아
덮인 눈을 녹이네

연기

가늣한 보람도
데려갈 수 없는데

검질긴 근심들도
따라올 수 있는데

한세상
일에 살다가
헛것으로 어딜 가나

폭포 2

골짝을 왔다가는
연이은 산울림에

계곡은 풀숲으로
일어나서 춤을 추고

바위는
부대끼다가
숨길 하나 막힌다

물거품

허리가 휘도록
몰아치는 세파에

없으면 없는 대로
돌고 돌아 살 건만

누군가
등을 툭 밀치어
가고 없을 내 육신

바위

내 안의 나끼리
세상 흐름 깨치다가

실금의 바위틈에
등을 미는 바람 본다

바위틈
흙 한 점 사이
스러지면 뭣이 되나

모래

파도가 겉옷 벗겨
뽀얀 속살 보인다

신명(身命) 받은 내 일에
굽어진 허리를

네 몸에
맡기고 보니
너는 나의 연인이다

촛불

몸 살라 눈 밝히니
어두운 곳 밝아오네

손끝에 품은 뜻을
펼쳐주는 빛살이여

몸 던져
세상을 밝혀주고
어딜 가나 흔적 없이

풍경 소리

날 혹시 만나거든
바른말을 하리다

쇄 속의 아픔에서
깨끔한 말 하리다

속마음
형 비인 곳에
하늘 말씀 채운다오

휴전선 철마

누워있는 철마에
총탄의 자국들로

들고 나는 멧새가
피멍울을 불러낸다

그 누가
아랫도리 불 지펴
남·북 땅을 오갈까

쇠가 쇠로 부서지는
철마의 깊은 적요

잡목 사이 철길 따라
달려 볼 그날 기려

그 언제
손에 손잡고
웃어볼 날 올거나

삶은

유산으로 못 받은
보임 없는 생각들에

헝클어진 일 만 근심
풀어내는 나날에서

언젠가
빈손으로 떠나도
발자취는 남기는 것

한 그릇

가뭄에 목마름
샘물도 마르는데

내 그릇은 어찌 되어
이슬 물도 넘치나

한 그릇
무지만 쌓아
큰 그릇이 되려 라네

빈 술병

낙엽이 쌓여가는
산기슭 거기쯤에

등을 대고 누워 있는
빈 술병 하나가

누군가
기다리는 눈빛
낙엽 속에 묻혀간다

이별의 한이야
빈 술병 뿐이랴만

혼자서 적막에 지쳐
마른 눈물 마르는데

빈 병에
오가는 바람도
무심 겹겹 스민다

괭이질

토담집 텃밭에서
곡선 긋는 괭이질에

물집 손 피멍 뽑아
밭고랑 다독일 때

괭이 끝
달아진 윤기에
파인 흙들 빛살 줍네

산기슭 쿵쿵 울리는
괭이질을 멈추고

이마에 맺힌 땀들
손등으로 닦아내면

한 농부
젖은 손등에
씨앗들이 살려 하네

팽이

내가 나를 알기 위해
돌고 돌아 살다가

나를 내가 아는 것이
가장 높은 지식임에

사람은
목숨 거두어도
더운 피가 도는 것

면벽

천정에 쌓여 있는
조상 말씀 들으려고

스르르 눈을 감고
면벽에 귀를 열면

무언에
스쳐 가는 말씀들
깨침은 언제인가

시계

둥그런 세상 굴레
멈춤 없이 돌아와서

내 할 일 보여주네
내 길을 밝혀주네

시침(時針)에
눈길을 불러
초침(秒針)으로 채찍 준다

4부

팽이처럼 돌다가 어느 날

하늘에 살고 싶소

하늘이여, 내게 오소
때 묻은 생각 씻고

고생에서 받은 물욕
내 모든 것 부려두고

파아란
하늘에 올라
마음 희게 살고 싶소

부모

자식의 괴로움들 대신 받기 원하시며
사람됨의 아들이길 기도로 지새는 부모
두 분에
넘치는 은혜로
저 하늘이 좁습니다

우주의 근본이신 어머니 아버지
집 안팎의 일에 묻혀 고생의 구체적 침묵
아들딸
사랑, 사랑으로
말을 숨긴 희생입니다

언제라도 그렇듯 불효를 용서하시며
넓은 덕 자애심이 자식 곁에 와 계시는
내 생애
굴레 안에서
갚아야 할 빚입니다

어머니는

불러도 부르고픈 멀리 있어도 와 계시는
세상에서 변함없는 사랑은 어머닙니다
그 이름
땅에서 하늘까지
꽉 채우고 계십니다

도도한 젖줄 미학 핏줄의 흐름에서
기를 받은 나날에 학, 지식, 배움 주신
어머니
사람답게 이끄신
내 길의 스승입니다

마음 시린 타향까지 와 계시는 어머니,
닳고 허는 두 손 모아 자식 위해 기도하시는
어머니
가슴안에서
불효자가 삽니다

아버지

하늘가에 어디나
땅끝의 거기쯤도

세상길 이끄시는
우리 가정 신입니다

언제고
내 길을 밝혀주는
지지 않는 등불입니다

왔다가 갑니다
-성묘

나 여기 왔습니다 전쟁으로 부모 잃고
친척 집 심부름하던 고향 땅에 왔습니다
하늘 밑
부모 묘지 찾은
마른 눈물 고향입니다

사람됨의 사람으로 못다 한 일들 두고
시간 멈춘 흙 속에 높은 인품 사그리며
그 자리
무슨 연연에
돌아올 줄 모릅니까

한평생 학, 지식 깊은 심성 어디 두고
돌 틈 사이 한 줌 흙에 말문 닫고 돌아누워
다시는
못 돌아오고
그곳에만 계십니까

부모님 생전에 빗나가던 내 언행들
화살처럼 탱탱하게 당겨 보낼 성묘인데
땅 밑 문
열지도 못하고
왔다 가만 갑니다

눈물 1

동그라미 못 그린
눈물 줄기 하나가

눈가에 맺힌 진심
모두어 채우더니

그 눈물
지워지지 않고
거짓 찾아 밀어낸다

눈물 2

눈가에 맺힌 진심
침묵으로 안 되나요

거짓 없는 흰 마음
눈물로도 부족한가요

물 위에
떨어진 눈물은
물결만이 알까요

부부

마주 보고 앉으면
편하고 위안되는

둘 사이 넉넉한 눈빛
믿음 관심 배어난다

두 얼굴
닮아가더니
하나 되는 두 마음

아기 웃음

거짓이 섞임 없는
아기의 웃음에

행여나 울음 될까
그윽하게 안아보면

하이얀
앞니 두 개, 그래
나라 기둥 한국 미래

내 아내

미소에 뜻을 담고
속 깊은 나날에서

변변찮은 이 몸을
믿어주고 따라주어

그렇듯
나만 바라보는
다시 없을 사람아

손마디 굵어진 채
혼신 다 해 지킨 가정

눈 뜨면 곁에 있어
불러도 다시 좋은

온 세상
뒤져보아도
없고 없을 내 당신

이름의 길

나 아니면 안 되는
내 세월에 업적(業績)들,

팽이처럼 돌다가
버리고 가지만은

신명(身命)에
일의 큰 성취는
불멸하는 이름의 길

사람과 사람

세상에서 내 편은
얼마나 될까 몰라

멀고 가깝고 내 편이길
사람 욕심 더하는데

만나고
잊히지 않는 것은
좋고 나쁨 가림이네

애모

세상에 태어나서 살아만 오다가
심장이 그려내는 보고픔이 깊어져
말없이
말을 하는 것
가슴 속을 보겠네

잊히지 않는 그만큼 내 안에 새겨놓고
애타는 속마음 지우러도 와 있어
삼켰던
침이 굳어져
목이 타는 사랑 줄

떨어져 보이지 않아 끓는 피로 남아서
못 보아 보고픔에 하루가 길어지는
웃음도
눈물도 없을
더 깊이가 보여오네

사람 그림 2

키가 크고 작은 사람
그런대로 그리지만

이런대로 저런대로
속마음은 못 그리네

하늘 밑
산다는 것은
볼 수 없는 사람 마음

손

손이 그려내는
사는 틈새 보아라
닳아진 손마디
삶의 그림 보아라
굳어진
손가락 사이
빠져나간 세월 흔적

둥그런 세상 굴레
신명(身命) 받은 내 일에
쉼 없는 나날속에
와서 맺힌 땀방울
말없이
말을 하는 손
묻어나는 사는 얘기

손마디 굵을수록
손길은 길들여져

당당한 나를 그려
스며 나는 나의 냄새
내 길만
가고 가면 그래,
웃음길이 여기여라

눈(眼)

눈길은 번개 같아도
내 코도 못 보면서

변하지 않는 하늘 진리
어디쯤 봤다 할까

상대방
마음 빛깔도
못 가리는 눈길인데

날 딛고 가는 시간에
내 세월 나를 잃고도

내가 나를 안다는
눈길을 버려두고

언제나
날 알아보려고
무릎 꿇고 눈 감을까

주름들

바람이 등을 밀어
어디인지 가보니

깊은 주름 보겠네
허공은 늘 젊은데

세월이
살아온 훈장으로
주름들을 준다 하네

물소리

물소리는 언제고
숨김없는 말을 한다

불고 가는 바람처럼
빈 말들은 안 한다

언제고
거짓없는 저 소리
내가 되어 살아보리

독거노인(獨居老人)

산기슭 움막에
가진 것 없는 노인

조금씩 집어내어
비어가는 쌀자루에

한 노인
커지는 한숨 소리
빈 자루를 채운다

뼈에 붙은 살가죽에
살비듬들 날리는데

긴 밤의 어둠 따라
멈춤 없는 기침 소리

빈 내장
오그리는 소리
온 방 안에 번진다

일

삶으로의 여정에서 서로 닮은 가정 살림
속옷에 땀 주머니 키워야 할 나날에서
편안만
꿈꿀 수 없는
사람 아는 사람들

가고 있는 시간은 다시 와서 살 건만
오늘의 내 시간은 다시 없을 나의 길에
발걸음
또렷이 밟으려고
딛고 또 달린다

바위며 돌들이며 그래도 길 막힘
눈물이 핑 돌도록 거기마다 막혀도
내 일에
길을 찾아서
큰 고개를 넘는다

산행

도시 하늘 벗어나
폼을 잡는 산에 들면

골짝의 맑은 바람
목청 높인 물소리

노송은
그늘을 보내
내 다리를 주무른다

덕이란

잘못을 잘한 듯이 입 열어 분분해도
만나는 그들마다 반기어 화합하면
오늘도
슬금슬금 다가와
내 안에 쌓일까

성깔이 급급해서 당치않게 행동해도
깊고 넓은 생각에서 허물 실수 포용하면
그것이
나도 모르게
다가오는 것일까

진실은 말이 없어 편견이면 먼 곳인데
차별 없는 대우에서 넉넉히 배려하면
그렇게
베풀고 챙겨주면
혼자 몰래 오는 것

노년기

졸라매는 허리끈에
여기저기 멍든 자국

세월이 내 피를 먹어
쪼그라진 살가죽 보네

젊을 때
여자 대우법을
깊이 알아 베풀 것을

허수아비

화살처럼 탱탱하게
논밭 곡식 살피다가

수심 어린 저 눈빛은
마음 둘 곳 없음인가

온 하루
너스레 떨면
기다린 임 올 거야

저승의 아버지

여기 큰 세상에
아버지가 주신 목숨

사람이 그 이상일 수 없는 이 지상에서 내 삶의 거울이신 아버지, 세계에서 족적(足跡)이 크신 분들에게 삶의 지혜를 배우며 태산보다 더 흔들리지 않는 존재가 되라 하셨지요. 내 몸에 남아있는 시간은 여유를 갖기에 턱 없이 짧은 시간임을 어서 깨치라는 아버지셨습니다.
세계의 이데올로기 격변에도 국익은 모든 가치에 최우선으로 한다고 하시고, 코피 흘리는 공부가 애국의 길이며, 공부와 일을 침착과 동요 없이 조종할 줄 아는 자가 올바른 삶을 바라보는 아들딸이 된다고 키워 주신 아버지.
사람에게 고통스러운 일이 없다면 그 아무것도 얻어지는 것이 없는 사회에서, 매사에 긍정적이고 활동적인 사람이 되어 내 운명을 변화시켜 나가라는 아버지셨습니다. 어떤 일이고 진실함에서 시작

되지 않으면, 거짓이 더 큰 거짓말을 불러 참됨은 끝내 조종당하고 만다고 하셨지요.

아버지! 사회 경제 전쟁터에서 부대끼다가 꼬치꼬치 마르시어 앙상한 어깨뼈에 육골(肉骨)을 사그려도, 온 식구들 마음의 깊은 곳을 꿰뚫어 살피시며, 가족의 끈을 꽉 쥐시고 세상의 넓은 곳으로 날개를 달아 주시던 아버지! 내 것 중에 가장 귀한 것은 최고의 선택인 일이라고 강조하시던 아버지를 정면에서 보면, 외로우신 가장(家長) 같고 측면에서 보면 저희 집의 신(神)이십니다.

아버진
깊은 하늘을
공기 밟고
걸으십니다.

유상용 통합시조선집
바람이 등을 밀어

초판발행 2025년 3월 10일

지은이　유상용
펴낸이　사이채
펴낸곳　필리리스토리
등록　　제2016-000207호
홈페이지 https://blog.naver.com/vvalley
전화　　010-4998-5375
이메일　sa7273@naver.com

ⓒ 유상용, 2025
ISBN 979-11-89758-38-7
값 14,000원

유상용　인천광역시 남동구 석촌로 34, 3동 302호
　　　　010-8456-7733
　　　　농협 352-1483-0581-13 유상용

* 이 책 내용의 전부 또는 일부를 재사용하려면
　저작권자와 필리리스토리의 동의를 받아야 합니다.